Zaray Losada
Idelsi Ramírez Roque
Edilberto Batista

Programme local d'innovation agricole dans la municipalité de Venezuela

Zaray Losada
Idelsi Ramírez Roque
Edilberto Batista

Programme local d'innovation agricole dans la municipalité de Venezuela

ScienciaScripts

Imprint

Any brand names and product names mentioned in this book are subject to trademark, brand or patent protection and are trademarks or registered trademarks of their respective holders. The use of brand names, product names, common names, trade names, product descriptions etc. even without a particular marking in this work is in no way to be construed to mean that such names may be regarded as unrestricted in respect of trademark and brand protection legislation and could thus be used by anyone.

Cover image: www.ingimage.com

This book is a translation from the original published under ISBN 978-620-0-05645-0.

Publisher:
Sciencia Scripts
is a trademark of
Dodo Books Indian Ocean Ltd. and OmniScriptum S.R.L publishing group

120 High Road, East Finchley, London, N2 9ED, United Kingdom
Str. Armeneasca 28/1, office 1, Chisinau MD-2012, Republic of Moldova, Europe
Printed at: see last page
ISBN: 978-620-7-39511-8

LISTE DES CONTENUS

SYNTHÈSE

Dans le contexte agricole de la municipalité de Venezuela, des innovations typiques de la localité sont réalisées, cependant, il est considéré nécessaire de mettre en œuvre un Système Local d'Innovation Agricole, qui permette la participation logique et cohérente de tous les acteurs du territoire pour promouvoir le développement. Afin de résoudre le problème, la problématique scientifique suivante est proposée : " Comment mettre en œuvre le Système Local d'Innovation Agricole dans la municipalité de Venezuela ? En identifiant comme objectif général : Proposer un programme de développement agricole local qui améliore l'articulation des acteurs pour la mise en œuvre du SIAL, afin qu'il ait un impact sur la qualité de vie de la population vénézuélienne.

L'application de plusieurs instruments et la consultation d'experts ont permis d'identifier les limites et les potentialités du contexte agricole et son influence sur les systèmes d'innovation ; en conséquence, un programme de développement local et un plan d'action multi-acteurs ont été conçus, visant à résoudre les principaux défis du territoire en relation avec les bases productives sélectionnées. Le programme et le plan d'action reposent tous deux sur les principes d'horizontalité, d'équité, d'inclusion sociale et de participation.

INTRODUCTION

Cuba est en train de mettre en œuvre le modèle économique et social de développement socialiste. Vision proposée de la nation, axes et secteurs stratégiques. Plan national jusqu'en 2030, basé sur l'approbation des Lignes directrices de la politique économique et sociale cubaine lors du VIe Congrès du Parti communiste, tenu en avril 2011 : dans lequel un rôle important est donné aux gouvernements locaux, en tant que protagonistes actifs et gestionnaires de leur propre développement, ce qui nécessite un niveau plus élevé d'articulation entre les agents de changement pour la gestion intégrée des connaissances, afin de réaliser d'importantes transformations endogènes qui favorisent le développement local.

Dans le cas particulier du secteur agricole, des directives sont proposées pour transformer la situation actuelle afin de garantir la sécurité alimentaire et d'atteindre un plus grand degré de souveraineté alimentaire en recherchant la substitution des importations dans tous les domaines présentant un potentiel de développement. Les lignes directrices (177, 178, 179, 180, 181, 182 et 183) vont dans ce sens.

Ce processus complexe nécessite la préparation des fonctionnaires, des spécialistes et des acteurs locaux à l'assimilation et à l'exécution réussie des tâches, le renforcement des capacités avant la mise en œuvre étant un aspect essentiel et décisif. Dans le droit fil de ce qui précède, la ligne directrice 200 stipule : "Développer un système de formation complet conforme aux changements structurels, visant à former et à recycler les cadres et les travailleurs dans les domaines de l'agronomie, des sciences vétérinaires, de la technologie industrielle et alimentaire, de l'économie, de l'administration et de la gestion, y compris les aspects liés à la gestion des coopératives et de l'environnement".Lignes directrices de la politique économique et sociale du Parti et de la Révolution (2011), 26-28.

Tenant compte de l'importance du secteur agro-industriel dans l'actualisation du modèle économique social cubain, non seulement pour son impact sur la consommation et la qualité de vie de la population, mais aussi pour la création d'emplois et les revenus qui en découlent ; dans la balance des paiements et dans l'articulation avec d'autres secteurs de l'économie, à travers les différentes chaînes productives, ce qui influence le développement local par ses répercussions sur la performance économique de la municipalité.

L'agriculture sur le territoire s'est développée comme un processus continu, en fonction des tendances technologiques, économiques et sociales des différentes époques qui se sont succédé. Dans la plupart des débats sur l'agriculture et la ruralité aux niveaux territorial, national et international, on conclut que l'agriculture est en crise, principalement en raison des impacts négatifs et de la forte dépendance à l'égard des pesticides synthétiques, des engrais et des machines agricoles, entre autres causes (Altieri, 1994).Cependant, dans de nombreux endroits, des expériences montrent qu'il est possible d'obtenir une production agricole par le biais de systèmes durables, à condition que les agriculteurs et les techniciens ou les vulgarisateurs soient impliqués (Vazquez et al., 2004), 2004) et cela a été le grand défi des centres scientifiques en général et de la municipalité du Venezuela en particulier.

L'agriculture durable est devenue le nouveau paradigme pour de nombreux pays de la région latino-américaine, pour Cuba et pour la municipalité du Venezuela en particulier, depuis que sa pertinence a été démontrée et acceptée pour les conditions biophysiques et socio-économiques des systèmes agricoles prédominants, où l'agriculture intensive a échoué.

Il est donc considéré que pour promouvoir le développement agro-alimentaire dans la municipalité de Venezuela, les ressources humaines doivent être préparées individuellement et collectivement avec une conception agro-écologique du développement durable et un accent sur l'équité sociale qui génère des processus d'apprentissage interactifs où le dialogue entre les connaissances scientifiques et paysannes est encouragé. Cela suppose le développement de compétences sociales, techniques, technologiques et méthodologiques qui favorisent l'échange d'expériences, ce qui nécessite un programme qui dote les participants de compétences pour la construction collective de propositions, la communication horizontale et la mise en œuvre de méthodes participatives pour l'échange de connaissances et de bonnes pratiques. (Romero et al., 2017).

Les déclarations des auteurs susmentionnés renforcent la nécessité de mettre en œuvre un système local d'innovation agricole dans la municipalité du Venezuela, considéré comme une (...) proposition qui vise la gestion participative de l'innovation et du développement au niveau territorial. Ceci est soutenu par la formation de personnes qui facilitent la multiplication de ces connaissances dans les contextes où elles agissent, à partir de la mise en œuvre d'un modèle économique décentralisé qui place les municipalités comme protagonistes de leurs stratégies de développement. (Romero et al., 2017).

Cela nécessite la création de capacités chez les acteurs locaux par la systématisation des expériences dans des cycles d'apprentissage orientés vers l'apprentissage de la participation, la modification des concepts, le démantèlement des prémisses et l'attribution d'un sens à ces dernières, en les appliquant à de nouvelles pratiques dans la recherche de solutions d'une manière créative. Résultats pouvant être obtenus grâce à la mise en œuvre du Système d'innovation agricole local (SIAL).

Le SIAL n'est pas une recette, c'est un outil de travail qui se caractérise par la gestion des connaissances et le développement de l'innovation agricole locale dans les régions de l'Union européenne.

les municipalités, avec des attributs d'horizontalité et de

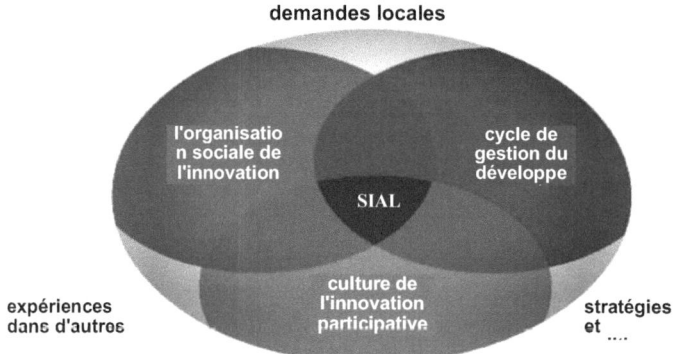

Figure I. Système local d'innovation agricole. Tiré des textes de soutien au cours de préparation au diplôme pour la mise en œuvre du SFP.

La figure représente les interrelations du système local d'innovation agricole. La première figure fait référence à l'organisation sociale de l'innovation : les espaces créés par le système et les types d'acteurs impliqués. Nous mettons ici en évidence les groupes d'innovation agricole locale (personnes ayant des intérêts communs) et les plateformes multi-acteurs (espaces de concertation entre les personnes intéressées et impliquées et les autorités).

Le second représente les cycles de gestion de l'innovation locale. Des expériences pratiques systématisées à travers lesquelles des processus d'apprentissage par l'action peuvent être développés. Il s'agit d'un cadre de référence pour l'action. Dans lequel il faut prendre en compte la nécessité de motiver et d'organiser de grands groupes de personnes et de rechercher les outils nécessaires et suffisants pour parvenir à une action collective de gestion des connaissances en fonction de leurs objectifs de développement et de la socialisation de chaque expérience.

Enfin, il fait référence à la culture participative. Il est important de souligner ici que les espaces et les références d'action fournis par le SIAL ne sont pas suffisants ; il est nécessaire d'apprendre à participer, de mettre en pratique les principes d'horizontalité, d'équité et d'inclusion sociale.

Cette conception du SIAL révèle la nécessité de mettre en œuvre un programme de développement local dans la municipalité de Venezuela, qui se distingue par une approche intégrale, avec des dimensions économiques, productives, environnementales et socioculturelles, qui est adaptée aux conditions du contexte agricole et qui conduit les personnes qui le mettent en œuvre à développer l'apprentissage dans l'action, avec la participation, la motivation et l'interaction pour résoudre les problèmes à partir du collectif.

Compte tenu de ce qui précède, il est nécessaire de créer les conditions qui rendent possible l'articulation systématique logique et cohérente entre les acteurs dans le cadre du développement de la municipalité de Venezuela. Au vu de ce problème, il est nécessaire de résoudre le **problème scientifique** suivant : "Comment mettre en œuvre le SIAL dans la municipalité du Venezuela", dont l'**objectif général est de** proposer un programme de développement agricole local qui renforce l'articulation des acteurs pour la mise en œuvre du SIAL, de telle sorte qu'il ait un impact sur la qualité de vie de la population vénézuélienne.

Objectifs spécifiques :

1   Caractériser le processus agricole dans la municipalité de Venezuela, dans la province de Ciego de Avila.

2   Caractériser le contexte de l'innovation au niveau local dans la municipalité de Venezuela.

3   Elaborer le programme de développement agricole local, qui renforce l'articulation des acteurs pour la mise en œuvre du SIAL, afin qu'il ait un impact sur la qualité de vie de la population vénézuélienne.

La méthodologie utilisée est basée sur les hypothèses de la recherche qualitative à partir des prémisses d'une approche mixte et l'échantillon utilisé était raisonné, composé de 62 acteurs : trois du gouvernement local, six de la délégation municipale de l'agriculture, trois du centre universitaire municipal, 50 membres des unités de production, dont 20 femmes. Des groupes de discussion composés d'acteurs locaux du gouvernement, de la CUM et du secteur productif, l'échantillonnage, l'application et la compilation d'instruments (entretiens avec des femmes, des jeunes et des producteurs) ont été utilisés pour corroborer l'état réel du contexte productif et innovant de la municipalité.

Pour le traitement de l'information et l'analyse des données de nature quantitative, l'analyse statistique enregistrée dans l'Office national des statistiques (ONEI) et dans le recensement des terres de la délégation provinciale de l'agriculture de Ciego de Avila a été utilisée.

La contribution pratique est le programme de développement agricole local pour la mise en œuvre du SIAL dans la municipalité de Venezuela. Il est supposé que la municipalité a les conditions pour mettre en œuvre le SIAL, car sa base productive est agricole, elle a des entreprises locales et des innovations qui favorisent la culture du développement, il y a la volonté des acteurs locaux de transformer la situation actuelle, ainsi que les capacités créées et les ressources naturelles et économiques et les machines nécessaires pour promouvoir le développement.

Chapitre 1

CARACTÉRISATION DU CONTEXTE AGRICOLE LOCAL

Ce chapitre décrit la situation actuelle du contexte agricole dans la municipalité de Venezuela, en mettant l'accent sur la structure du territoire par les conseils populaires, les bases productives, la composition de la population et les ressources en main-d'œuvre, ainsi que les caractéristiques du système d'innovation au niveau local.

1.1 Contexte agricole local.

La commune de Venezuela est éminemment agricole, avec une prédominance de la canne à sucre, de diverses cultures et de pâturages naturels utilisés pour l'élevage. Dans la zone non agricole, l'utilisation prédominante est la sylviculture et la zone occupée par les zones humides. En 2017, le bilan des superficies présentait les caractéristiques suivantes : la superficie agricole représente 60 % du total, tandis que 40 % sont non agricoles, les cultures temporaires représentent 55 % de la superficie agricole, les cultures permanentes 17 %, l'élevage occupe 28 %, 16 % de superficies vides, 45 % de superficies oisives et 85 % de superficies couvertes de marabout.

La propriété foncière est concentrée dans trois secteurs : l'État, les coopératives et le secteur privé. Au cours de la période 2008-2014, la production agricole de la municipalité s'est contractée, bien qu'en 2012 elle ait commencé à croître de manière significative en raison de l'impact du projet endogène binational Cuba-Venezuela. Ce projet s'est déroulé de 2007 à 2016. Au cours des années évaluées, la production totale augmente de plus de 18 000 tonnes, ce qui a un impact significatif sur le total.

Le tableau 1. Montre l'augmentation des rendements dans l'agriculture hors canne.

Productions	2008	2010	2012	2014	2016	2017
Légumes	1400	2200	1694,5	10601,0	12753,5	8617,2
Total des céréales	100	800	2211,4	2566,5	1371,6	6789,8
Fruits	200		1104,9	1528,6	1488,3	**1518,9**
Total	2200	4100	10559,0	20800,8	21376,2	19200,8

En ce qui concerne la production de viande, l'indicateur a été atteint ces dernières années, même si, dans le cas des bovins et des buffles, il existe des difficultés liées à la génétique et à la santé du bétail, fortement affectée par la brucellose du buffle établie sur le territoire, qui n'a pas été contrôlée en raison d'une mauvaise gestion de l'espèce. En ce qui concerne le petit bétail, il est également nécessaire de travailler sur la pureté des races afin d'améliorer les indicateurs.

La disponibilité de machines dans la municipalité est un potentiel, mais la technologie utilisée est obsolète et présente des niveaux élevés de détérioration en raison de sa surexploitation, ce qui limite son utilisation en termes de développement agro-productif (annexe 1).

Dans la dimension sociale, on identifie des problèmes qui affectent les zones productives de la municipalité : les mouvements migratoires, tant internes qu'externes, avec des soldes négatifs, des conditions de logement défavorables, ainsi que la qualité et la disponibilité de l'eau, selon le recensement de la population et du logement réalisé en 2012. Il y a également peu d'offres attractives avec de faibles niveaux de satisfaction en termes de qualité des services fournis et demandés.

Parmi les principales ressources naturelles figurent les **sols,** principalement les sols ferrallitiques rouges, dans les sous-types compactés et hydratés, qui sont utilisés de préférence pour diverses cultures ; les sols ferrallitiques jaunes et les gleyes ferrallitiques sur lesquels repose l'élevage ; tandis que dans les zones basses près de la côte côtière se trouvent les gleyes humiques typiques avec des difficultés de drainage causant l'engorgement, ce dernier sous-type est utilisé pour la sylviculture.

Les sols sont de catégorie agro-productive I et II et occupent une superficie de 44 000 ha, ce qui représente 63 % du total. Ils sont principalement situés dans la partie centrale de la municipalité, un chiffre supérieur à la moyenne provinciale (28 % du total), ce qui en fait l'une des plus favorisées de la province dans ce domaine, avec Ciro Redondo et Ciego de Avila.

Les sols de la catégorie III - capacité agrologique moyenne - occupent une superficie de 3 mille ha (5%) et enfin ceux de la catégorie IV occupent 21 mille ha, ce qui représente 31% du total et sont situés principalement dans la partie sud du pays, en s'étendant latitudinalement. Le facteur le plus important est le mauvais drainage. Ce problème est le plus répandu dans la partie méridionale, ce qui est étroitement lié au type de sol qui y est présent.

C'est pourquoi cette ressource doit être gérée avec soin, car sa disponibilité n'est pas toujours élevée et, face à cette faiblesse, la ligne du gramme ou le berceau salin pénètre à l'intérieur des terres, causant des dommages au sol et, par conséquent, à la population et à l'économie. En ce sens, les ressources en eau souterraines risquent de perdre leur qualité d'irrigation, étant donné que 2 500 ha de sol présentent une intrusion saline et que l'on prévoit que 2 278 ha seront affectés en 2050 et 8 555 ha en 2100, en raison de l'élévation du niveau moyen de la mer.

La **figure 2 montre le zonage de la sécheresse dans la municipalité.**

Les ressources forestières occupent la plus grande surface de la municipalité, avec une superficie totale de 22 514 hectares, couvrant principalement les côtes sud et est du territoire, dont 22 095 ha appartiennent à des forêts naturelles et 419 ha à des forêts artificielles. Les variétés les plus importantes sont le chêne, l'acajou, le casuarina, l'ocuje, l'eucalyptus, le llana, le palmier royal, le teck et d'autres arbres à bois. Il existe également plusieurs variétés d'arbres fruitiers, dont l'avocat, la mangue, la prune, le mamoncillo, le mamey, le sapote, le citron et la goyave.

L'année dernière, les principales variables climatologiques du territoire se sont comportées comme suit : Précipitations, le minimum moyen se situe au mois de janvier avec 33,10 mm et le maximum moyen au mois de mai avec 240,00 mm.

La température moyenne annuelle est de 25° Celsius, le minimum moyen est de 22° Celsius en janvier et le maximum moyen est de 31° Celsius en juillet. Les **vents** du nord-est prédominent avec une valeur de 15,0 km/h. L'**humidité relative** moyenne **de l'**année est de 80 %, les valeurs les plus élevées étant enregistrées en septembre, octobre et novembre et les plus basses en mars et avril. En ce qui concerne l'**ensoleillement, les** valeurs les plus basses en termes d'heures quotidiennes d'illumination se situent entre septembre et février, et les valeurs les plus élevées entre mars et août, le mois d'avril étant celui qui compte le plus d'heures d'ensoleillement, soit 9,3 heures.

La caractérisation du territoire révèle que la commune est éminemment agricole, ce qui met en évidence la nécessité de sensibiliser chacun des acteurs afin de garantir leur implication et leur articulation effectives dans le développement local.

1.2- Structuration du territoire par les conseils populaires et les bases productives.

Composition de la population et des ressources en main-d'œuvre.

La municipalité compte cinq conseils populaires (Venezuela, Simon Reyes, Jagueyal, Jucaro et Sanguily). Chacun d'entre eux dispose de bases productives (voir tableau 9).

Le tableau 3 montre la structure du territoire par conseils populaires et bases productives.

CONSEILS DU PEUPLE				
Venezuela	Jagueyal	Simon Reyes	Jucaro	Sanguinairement
• CCS El Vaquerito (cultures et élevages divers). • UBPC Tres de Octubre. (Diverses cultures) • UBPC La Maya. (Canera) • UEB Cuba-Venezuela (Cubasoy). • UEB de Beneficio y comerciali-zacion (Cubasoy). • UEB pour l'assurance et le transport.	• CPA El Vaquerito (Canera) • CCS Capitan San Luis(Diverses cultures). • UBPC Zenen Marine (cultures diverses) • UBPC Sierra de Cristal (Canera) • UBPC Alecrin (cultures diverses)	- CPA Ramon Dominguez de la Pena (Canera) - UEB Sierra Enseignant (Cubasoy)	- UEB Bataille de Palo Alto.	• CPA Premier janvier (Cultures diverses) • CPA Hector Diaz (cultures diverses). • UEB Services techniques et irrigation. (Cubasoy) • CCS. Nestor Bonachea (bétail

Il y a également deux établissements humains qui sont des districts directement subordonnés à l'Assemblée municipale du pouvoir populaire (Los Negros et La Teresa), dans le cas du premier mentionné, il a le CCS de bétail Niceto Perez. Comme on peut le voir, le territoire a un total de 21 bases productives (quatre CCS, quatre CPA, cinq UBPC, et huit unités d'affaires de base), réparties dans les différents conseils du peuple.

Le système d'établissements humains (SAH) de la municipalité de Venezuela est composé de 31 établissements, dont quatre sont urbains (Venezuela, Jagueyal, Jucaro et Sanguily) et 27 ruraux.

La structure de la population a répondu à l'émergence des sucreries dans la première moitié du XXe siècle, ce qui a entraîné la création des premiers bateyes et colonies pour installer la main-d'œuvre consacrée à l'agriculture de la canne à sucre, ainsi que l'implantation de nombreuses colonies le long des routes les plus importantes. Aujourd'hui, ils sont situés de part et d'autre des routes (route Venezuela - Jucaro et chemin de fer Canero), et sont plus denses dans les zones septentrionales de la municipalité. Cela s'explique par diverses raisons, parmi lesquelles on peut citer, en premier lieu, l'existence de trois noyaux urbains, dont la capitale municipale, Venezuela, qui offre de meilleures possibilités d'emploi et de vie. Deuxièmement, la proximité et l'accessibilité de la capitale provinciale, principal centre de services, d'industrie et d'emploi de la province.

L'analyse du nombre de personnes par conseil populaire au cours de la période 2002-2012 montre une diminution du nombre de conseils populaires de dix à cinq actuellement, ce qui est dû à la disparition et à la fusion de certains d'entre eux avec d'autres. Le conseil populaire Venezuela a toujours la population la plus importante de la municipalité (11 487 habitants), représentant 43,0 % du total.

Les autres conseils ont progressivement diminué leur population, ce qui a eu un impact sur la population totale à la fin de la période, avec une diminution de 2 316 habitants.

La population résidente de la municipalité pour l'année 2012 est de 26 671 habitants, dont 13 848 hommes pour 51,9 % et 12 823 femmes pour 48,1 %, avec un ratio masculin de 1 080 hommes pour 1 000 femmes, ce qui en fait la deuxième municipalité avec le ratio le plus élevé au niveau provincial. Le pourcentage d'hommes est plus élevé dans les zones rurales (54,3 %), en raison de l'importance du travail agricole dans ces zones, une situation qui change dans les zones urbaines, où il est plus faible (50,6 %), en raison des possibilités d'emploi qui existent dans le secteur des services.

L'analyse de l'évolution de la population selon la structure d'âge montre que sur l'ensemble de la période (2002-2012), la population est affectée par le processus de vieillissement que connaît la population du pays. Ceci est lié à l'augmentation de la population adulte (15 et 49 ans) et âgée (60 ans et plus), ainsi qu'à la diminution de la population jeune (0 et 14 ans) de 18,7%. Tout cela est dû à la réduction des taux de fécondité au fil du temps.

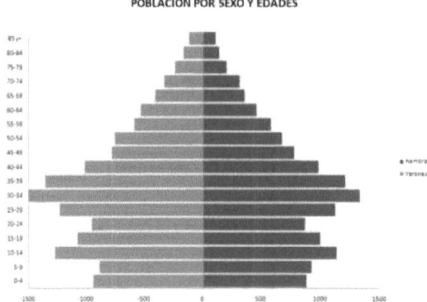

Figure 3

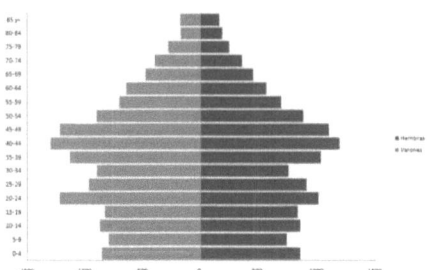

Les figures 3 et 4 montrent la structure de la population de la municipalité par groupe d'âge et par sexe, pour les années 2002 et 2012.

Source : Bureau des statistiques territoriales, Venezuela, 2012 : Bureau territorial des statistiques, Venezuela, 2012.

Dans le cadre de la conception du projet de développement intégral de la municipalité de Venezuela, 10 communautés ont été diagnostiquées, toutes situées dans des zones où les systèmes de production céréalière sont très développés. Dans ces communautés, il existe différents problèmes qui caractérisent cette localité comme étant très vulnérable sur le plan social : des communautés qui ont un mauvais état des routes, des systèmes de communication limités, un éclairage public déficient, l'hygiène de la communauté et le logement, dans la grande majorité, est inadéquat.

D'une manière générale, une étude de la perception de la population de son territoire a été réalisée et les problèmes qui ressortent sont les suivants :

• Manque d'éducation formelle (manque de respect, manque de politesse, impolitesse, etc.)

• Dommages aux biens sociaux (téléphones, transports, éclairage)

• Achat et vente illégaux de produits

• Vol

- Vol
- Consommation de boissons alcoolisées
- Trafic et consommation de drogues
- Trouble de l'ordre (bruit fort, musique tapageuse)
- Violence domestique
- Violence à l'égard des femmes
- Violence à l'encontre des enfants
- Violence à l'encontre des personnes âgées
- Violence publique (menaces, harcèlement, rixes, blessures, etc.)

On constate que les communautés étudiées sont déprimées, comme en témoigne le faible potentiel perçu dans le diagnostic.

Potentialités

- Personnes formées et qualifiées (enseignants, médecins, ingénieurs, techniciens de niveau intermédiaire et autres professionnels).
- Institutions sociales, culturelles et sportives.
- Histoire et traditions
- Réponse des quartiers aux tâches sociales et de masse

La population économiquement active (PEA) de la municipalité est de 12 404 habitants, ce qui représente 57,2 % de la population totale âgée de 15 ans et plus. Parmi eux, 12 006 ont un emploi et 398 sont au chômage, soit parce qu'ils ont perdu leur emploi (292), soit parce qu'ils cherchent un emploi pour la première fois (106). La population non active est de 9 291 habitants, soit 42,8 % de la population totale âgée de 15 ans et plus. Le taux de dépendance est de 52,9, puisque pour 100 habitants en âge de travailler, 53 sont en âge de dépendance, étant donné que 18,7 % d'entre eux ont moins de 15 ans et 15,5 % ont plus de 64 ans.

Le nombre total de travailleurs (12 006) représente 6,2 % du nombre total de travailleurs de la province (193 123 travailleurs), dont 7 915 hommes (65,9 %) et 4 091 femmes (34,1 %), soit deux hommes pour une femme, ce qui donne un taux d'emploi moyen de 45,0. Le plus grand pourcentage de travailleurs appartient au secteur public, avec 9 039 travailleurs représentant 75,3 % du total, dont 55,2 % sont concentrés dans les agglomérations urbaines de Venezuela (3 958 travailleurs) et de Sanguily (1 035 travailleurs). Viennent ensuite, dans le secteur non étatique, les travailleurs de l'UBPC (705 personnes) et les travailleurs indépendants (670 personnes), soit respectivement 5,9 % et 5,6 %. 91,6 % des personnes employées travaillent dans la municipalité avec 11 003 personnes employées et seulement 8,3 % en dehors de la municipalité, ce qui explique que la minorité se rende dans d'autres municipalités ou provinces. Cependant, au niveau provincial, la municipalité fait partie des trois municipalités ayant la plus grande proportion de population travaillant en dehors de la municipalité.

Le taux de chômage est de 3,2 %, supérieur à la moyenne provinciale de 3,1 %, plus faible dans les zones urbaines (3,1 %) que dans les zones rurales (3,5 %), avec une représentation plus élevée de la population masculine (3,4 %) que de la population féminine (2,9 %).

Les profondes transformations auxquelles le territoire a été soumis, au-delà des décisions internes, ont forcé la recherche de nouvelles stratégies de vie, qui incluent sans aucun doute l'aspect du travail comme l'élément le plus dynamique susceptible de changer (Étude des ressources en main-d'œuvre dans la province de Ciego de Avila, UNICA).

1.3 Système d'innovation au niveau local.

Le Conseil de l'administration de la municipalité de Venezuela, dans son projet de développement intégral (PDI), reflète explicitement la nécessité de parvenir à un développement durable de la production agricole pour la satisfaction des besoins alimentaires et autres de la population, en approvisionnant l'industrie alimentaire.

Le projet répond aux lignes directrices du modèle économique et social cubain, il met en avant les politiques suivantes visant à la pertinence de ses actions en fonction :

1-   Améliorer l'utilisation efficace et durable des terres agricoles en fonction de leur agro-productivité et de la disponibilité de l'eau ; promouvoir la récupération des sols touchés par les processus de dégradation.

- Localiser l'**activité agricole** sur des sols très productifs avec des aquifères abondants, principalement dans les parties sud, est et ouest de la municipalité.
- 5. Encourager la **sylviculture de** protection dans les bandes hydro-régulatrices des rivières et des réservoirs, des routes et des établissements humains.

2- Encourager l'utilisation efficace des terres pour la croissance des établissements humains (urbains et ruraux), en évitant l'utilisation de terres agricoles hautement productives, de zones de recharge des bassins versants et conformément aux critères d'accès à la terre définis par les normes juridiques.

- Protéger fondamentalement les sols de la commune,
- Augmenter les densités d'occupation des sols dans la municipalité.

3- Promouvoir le développement de zones à réglementation spéciale associées à des sites d'une grande importance environnementale et historico-culturelle, au développement économique ainsi qu'à des sites présentant un intérêt en matière de défense et de sécurité.

- Déclarer de nouvelles zones spéciales dans des régions à vocation touristique préférentielle, telles que les cayes de Jardines de la Reina.

4. Promouvoir les pôles productifs dans les secteurs stratégiques de développement et les productions clés dans la substitution des importations, en promouvant l'utilisation efficace des technologies, des capacités productives existantes et des ressources endogènes de chaque conseil populaire.

- Promouvoir les pôles productifs de l'agriculture et de l'élevage et leurs industries de transformation dans la municipalité.
- Récupérer le réseau de ports de pêche ; introduire de nouvelles technologies, des navires et des engins de pêche dans le cadre des plans de développement de la municipalité.

5. - Promouvoir une répartition de la population qui réponde aux besoins du développement économique et aux potentialités du territoire ; et si nécessaire, une migration intentionnelle vers les lieux qui le nécessitent, en prévoyant les conditions de leur installation.

- Encourager la population à se déplacer vers les implantations existantes ayant un potentiel de croissance.
- Stimuler la migration vers les territoires ayant le plus grand nombre de terres en friche dans des sols à forte productivité agricole et à fort potentiel de développement agricole dans la municipalité.
- Promouvoir la redistribution de la population vers des lieux présentant un niveau élevé de diversification productive.

6. Réduire la vulnérabilité des territoires, des établissements humains, des infrastructures et des équipements socio-économiques menacés par les tremblements de terre, les inondations temporaires et permanentes dues à des phénomènes météorologiques extrêmes et l'élévation du niveau moyen de la mer due au changement climatique.

- Retirer les propriétés en violation du décret-loi 212 qui se trouvent dans des zones affectées par des inondations permanentes à moyen et long terme.

7. - Renforcer et améliorer la mise en œuvre et le contrôle de l'aménagement du territoire sur la base d'un processus efficace de participation institutionnelle et citoyenne, mené par le gouvernement pour assurer la discipline territoriale et urbaine (Proyecto de Desarrollo Local del municipio Venezuela, 2018).

Actuellement, le système local d'innovation agricole agit sur la base de la stratégie de développement et de ses lignes prioritaires de gestion intégrée des connaissances. De cette manière, le travail se concentre sur les principaux défis de la municipalité en matière de production alimentaire, de conservation des ressources naturelles, de biotechnologie végétale, de développement agricole, d'utilisation efficace et suffisante de l'eau et de l'énergie, ainsi que sur d'autres domaines tels que les sciences pédagogiques, l'informatisation de la société, les sciences sociales et humaines, en tenant compte du potentiel de la municipalité.

Les acteurs locaux sont satisfaits des conseils reçus pour la projection stratégique, le processus d'intégration entre les entités, le Conseil d'administration municipal (CAM) et les organismes est en cours afin d'améliorer leur fonctionnement et de promouvoir le développement du territoire. Des actions post-universitaires ont été développées qui contribuent directement au développement local, parmi lesquelles : le cours sur le développement local et le cours sur la perception des risques face aux phénomènes climatologiques extrêmes.

Des ateliers et des conférences ont été organisés et des visites ont été rendues aux producteurs pour les encourager à s'engager à planter des cultures d'intérêt dans la localité, et pour échanger des expériences afin d'accroître l'efficacité de la production du petit bétail. Des visites sont effectuées à la flotte de pêche de Jucaro afin de la sensibiliser à la nécessité de diversifier sa production pour commercialiser les produits et leurs dérivés à la population, et c'est dans ce sens que le projet de développement local a été approuvé cette année. Introduction de la production de conserves de poisson dans l'UEB Flota Marino Pesquera Jucaro.

Il existe un portefeuille de quatre projets : "Élevage efficace de tilapias", "Élevage intensif de porcs", "Réduction des émissions de gaz à effet de serre grâce à la gestion des excréments de porcs dans le CCSF El Vaquerito del consejo popular Venezuela" et augmentation de la production de viande de buffle.

Le calcul de la faisabilité économique d'autres projets de développement local est en cours : "Obtention d'huile à partir de la production décentralisée d'ajonjolf" ; Réanimation de l'atelier mécanique de Simon Reyes". Et production locale d'éléments de sol et de mur.

La CUM conseille les entités de production et de services afin de déterminer la demande de main-d'œuvre qualifiée avec les centres et les entités, en commençant par l'orientation professionnelle et la formation professionnelle des étudiants dans les différentes carrières avec un profil agricole que la municipalité demande ; Dans ce sens, les cercles d'intérêt des différents systèmes éducatifs qui fonctionnent dans le Palais des pionniers sont suivis, des expositions sont organisées auxquelles la CUM participe du point de vue organisationnel et en tant que membre du jury, et elles sont préparées en collaboration avec le ministère de la science, de la technologie et de l'environnement (CITMA).

Au cours des deux dernières années, plus de 30 technologies ont été transférées dans le cadre de projets d'innovation scientifique et technologique axés sur la production de petit bétail (moutons, chèvres et lapins).

Cette année, une étude pilote est menée sur la base des indications du ministre cubain de l'agriculture visant à faire de l'Empresa Estatal Socialista Cubasoy un pôle productif pour l'intégration de la science et de la technologie à Ciego de Avila. Afin de relever ce défi, une consultation a été organisée entre différents acteurs locaux : CAM, CUM, Empresa Cubasoy, MINED, Cuadros et MINAG, dans le but de révéler la nécessité de créer des capacités pour faire face à ce défi et de déterminer la voie à suivre. Un accord a été adopté pour faire de l'Instituto Politecnico Agropecuario le principal centre de formation agricole du territoire.

Malgré les résultats obtenus et les efforts considérables déployés pour promouvoir le développement de la municipalité de Venezuela, il reste encore beaucoup à faire : un changement de paradigme est nécessaire dans les relations sociales, où la verticalité est mise de côté et où des processus horizontaux sont développés, conduisant au protagonisme des producteurs, basé sur le développement chez eux d'une conscience critique et d'une attitude innovante à travers une communication dialogique et démocratique, dans laquelle la relation sujet-sujet prédomine face aux défis locaux. Cet objectif peut être atteint grâce à la mise en œuvre du SIAL.

"...Utiliser toute la science nécessaire au développement durable sans pollution. Payer la dette écologique et non la dette extérieure. Faire disparaître la faim et non l'homme (Castro, 1992). Ces paroles prononcées par le camarade Fidel Castro Ruz sont toujours d'actualité. Avec l'objectif de mettre en œuvre le SIAL dans la municipalité de Venezuela, une caractérisation et un diagnostic ont été réalisés qui ont permis aux auteurs de cette thèse de déterminer les potentialités, les faiblesses et les défis que le contexte actuel de l'innovation locale possède.

Points forts

1. Liens étroits et systématiques entre la CUM, la CAM et la CITMA afin de définir des stratégies et des programmes pour le développement intégral de la municipalité.
1. Un système de gestion des connaissances et de l'innovation est en place.
2. Le plan scientifique et technologique du centre universitaire (CUM) est conforme aux priorités du développement agricole du territoire.
3. L'université est perçue comme un acteur essentiel dans les domaines de l'échange, de l'innovation et du développement.

4. Les acteurs locaux ayant un intérêt à promouvoir le développement local sur la base de leur potentiel.
5. Interrelation avec les centres de recherche (Bioplants, CIBA : projets).
6. Mise en place d'un système permettant de déterminer les besoins d'amélioration et de formation dans les principales entités et organisations locales, afin de réaliser des plans de formation postuniversitaire en fonction des besoins du territoire.
7. Renforcer la structure de projet sur le territoire.
8. Identification des principaux risques et vulnérabilités environnementaux sur le territoire.
9. Mise en œuvre de la tâche de vie pour atténuer les effets du changement climatique.

Faiblesses

1. Insuffisance du renforcement des capacités pour une utilisation efficace des technologies acquises
2. Développement insuffisant des systèmes de gestion de la connaissance et de l'innovation.
3. Une appréciation insuffisante des principes de développement local dans la prise en compte des liens entre les parties prenantes locales.
4. L'utilisation insuffisante d'alternatives agro-écologiques pour l'amélioration des sols en fonction de leur exploitation.
5. La génération de projets scientifiques et technologiques visant à atténuer l'impact du changement climatique est insuffisante dans le Conseil populaire de Jucaro, considéré comme l'un des plus touchés de la province.
6. Insuffisance des actions d'intervention scientifique pour la gestion des espèces exotiques envahissantes (Marabu et buffles sauvages).
7. Manque de diffusion des avancées dans le développement du système d'innovation à l'échelle locale afin d'accroître la connaissance des entreprises locales du territoire issues des bonnes pratiques des producteurs.
8. La perception du développement des systèmes d'innovation se concentre sur le développement technologique et manque de la perspective sociale qui aurait un impact sur les niveaux de participation des citoyens et résoudrait les problèmes sociaux et d'innovation.
9. Insuffisance du renforcement des capacités pour l'utilisation efficace des technologies acquises, l'utilisation efficace et suffisante de l'eau et de l'énergie et pour le calcul de la faisabilité économique des projets IMDL.
10. L'absence d'approche multipartite dans les systèmes d'innovation entraîne une

faible exploitation des résultats scientifiques et technologiques au niveau municipal.

Défi.

1. une articulation logique, cohérente et systématique des acteurs pour promouvoir le développement et l'innovation au niveau local.

Sur la base de l'analyse réalisée et de l'identification des forces et des faiblesses pour renforcer l'insertion du SIAI dans la municipalité, un programme de développement agricole local est présenté, basé sur la culture de la participation comme axe transversal, pour garantir la coordination logique, cohérente et systématique de tous les acteurs afin d'améliorer la qualité de vie de la population vénézuélienne.

Chapitre 2

CHAPITRE II. PROGRAMME DE DÉVELOPPEMENT AGRICOLE LOCAL DANS LA MUNICIPALITÉ DE VENEZUELA.

2.1 Base théorique et méthodologique du programme.

Le développement local dans la municipalité de Venezuela devrait être basé sur le concept de développement local durable sur des bases agro-écologiques, de manière à favoriser le renforcement des structures communautaires, le tissu social local des entreprises et l'utilisation des ressources endogènes disponibles, à travers l'élaboration de projets d'innovation orientés vers la systématisation des bonnes pratiques et issus de la base productive, ce qui permettra une amélioration visible de la qualité de vie de la population vénézuélienne.

Ce développement local durable doit conduire à l'élimination des écarts d'inégalité sociale, à la mobilisation et à la participation active des citoyens, à travers de nouvelles formules participatives dans les domaines politique, social et économique, plus inclusives, où l'approche de genre et l'équité sociale sont prises en compte ; des exigences à prendre en compte dans le modèle d'innovation. Par correspondance, la municipalité de Venezuela a besoin d'un type d'innovation différent qui prend en compte des aspects tels que :

- qui se manifeste dans l'un ou l'autre des maillons de la chaîne agroalimentaire et provoque des goulets d'étranglement ;
- promouvoir des améliorations dans divers domaines tels que les politiques de développement technologique, organisationnel, institutionnel, économique ou agricole ;
- qui apporte des solutions adaptées aux conditions locales, en termes de bien-être humain et d'équité ;
- qu'il s'agit d'un processus créatif d'assimilation critique des propositions, de construction, d'action et d'apprentissage collectif (Ortiz *et al.,* 2017).

Objectif : Améliorer les conditions de vie en renforçant les liens pour l'introduction de la connaissance et le développement social.

2.2 Dimensions du programme.

Pour que la municipalité se développe intégralement, il est nécessaire que le concept de développement durable soit travaillé à partir des dimensions politico-sociales, économiques et écologiques.

Cela faciliterait les relations et les interconnexions de la base économique-productive avec le système d'établissements, les infrastructures techniques et de services, ce qui se traduirait par l'obtention de biens matériels et la création d'emplois à moyen terme, à partir de la culture de la participation et en mettant l'accent sur l'égalité des sexes et l'équité sociale qui garantissent l'intervention des femmes dans ce secteur et, par conséquent, leur émancipation.

En tenant compte des potentialités et des limites des bases productives sélectionnées pour mettre en œuvre le SIAL dans la municipalité de Venezuela, les lignes de travail suivantes sont proposées.

1. Agrochaînes.
2. Biodiversité végétale.
3. Biodiversité animale
4. Gestion de la connaissance et de l'innovation.
5. Agro-industries.
6. Agroécologie et changement climatique.
7. Jeunesse et genre.

1. Agrochaînes.

Potentialités

Parmi les potentialités de la municipalité figure la production de viande de petit bétail, en particulier de lapins, ce qui est dû en grande partie à l'intervention de projets scientifiques et technologiques visant à transférer des connaissances et des technologies.

En ce sens, 175 personnes ont été formées à la "gestion durable du petit bétail", dont 46% (80) étaient des producteurs et des fonctionnaires directement impliqués dans la production, 5 d'entre eux étant des gestionnaires municipaux, 2 d'entre eux provenant d'EGAME, ainsi que des enseignants (IPA, IPI et SUM), des étudiants (IPA et SUM) et d'autres fonctionnaires municipaux.

L'action intégrée de l'EGAME, du Centre universitaire municipal et du Centre de renforcement des capacités CITMA a été potentiellement décisive dans la maîtrise et la mise en œuvre des matériels techniques livrés et dans la livraison productive durable des animaux, ce qui a permis dans les années 2015 et 2017 de dépasser le plan de livraison à l'entité. Un producteur a construit une machine pour la production d'aliments granulés et de blocs nutritionnels.

Les cinq exploitations évaluées dans le cadre du transfert de connaissances et de technologies ont amélioré leurs installations, la reproduction/génétique de leurs troupeaux et leur base alimentaire. Le travail conjoint et soutenu entre le secteur scientifique et le secteur productif a permis à l'EGAME de la municipalité de Venezuela d'être reconnue comme la municipalité la plus intégrale en 2015 et 2017 respectivement.

Limites.

Cependant, malgré les résultats obtenus, il existe encore des insatisfactions chez les producteurs de lapins liées au fait qu'ils ne disposent pas tous de terres pour planter des espèces fourragères pour l'alimentation du bétail, ni de disponibilité d'eau et d'autres ressources pour la production de fourrage.

Défi :

Établir des liens productifs fondés sur le potentiel de développement afin de garantir à moyen terme l'octroi de terres pour l'alimentation du petit bétail. Établir des accords avec Cubasoy pour l'achat de résidus pouvant être utilisés dans la production d'aliments granulés et de blocs nutritionnels ; il sera également nécessaire de développer des machines pour la transformation des résidus de récolte afin de couvrir les besoins des producteurs en matière d'alimentation animale.

Pour ce faire, il serait nécessaire de créer une mini-industrie qui devrait disposer d'une machine pour broyer les aliments provenant du champ, d'une aire de séchage solaire, d'un moulin à marteaux pour broyer la matière première sèche, d'un mélangeur et d'une presse continue pour l'élaboration de l'aliment granulé et du bloc nutritionnel. Ces machines sont construites sur le territoire à partir de matériaux récupérés.

Pour approvisionner la mini-industrie en matière première, des producteurs d'aliments pour animaux (Titonia, Morera et Moringa, entre autres) seront sélectionnés et des terres leur seront octroyées. Une autre façon d'approvisionner la mini-industrie serait d'utiliser les restes de la récolte de Cubasoy. Ces deux moyens devraient permettre de fournir 75 % de la production d'aliments pour animaux, les 25 % restants étant constitués des déchets industriels de Cubasoy et des aliments importés fournis par EGAME. Pour la production de cages, EGAME fournirait le fil de fer. Enfin, les producteurs livrent les animaux sur pied à la petite entreprise d'élevage pour la transformation industrielle.

La production de viande et de lait de brebis et de chèvres est également renforcée. En ce sens, il existe 15 producteurs de ces espèces sur le territoire sous contrat avec EGAME, dont 5 caprins et 10 ovins, tous axés sur la production de viande. Par conséquent, afin de diversifier et de réaliser des chaînes de production, il est nécessaire d'encourager le travail avec des espèces à double fin ou productrices de lait ; à cette fin, en coordination avec la délégation municipale à l'agriculture et sur la base de la formation des GIALES et des intérêts collectifs des groupes, des terres inutilisées seront cédées en usufruit en vue de créer une zone de production de viande, de lait et de leurs dérivés.

Tous ces processus seront soutenus par des contrats et des accords de collaboration ainsi que par des projets de développement local.

Scénarios

EGAME, CCS El Vaquerito, UBPC 3 de Octubre, Il y a 40 éleveurs de lapins dans la municipalité, 20 d'entre eux élèvent dans des cours et des arrière-cours et sont des producteurs sous contrat avec EGAME. Le plus grand producteur, qui appartient à la CCS El Vaquerito, dispose de terres et d'eau pour assurer une production stable.

Un autre potentiel est que l'un des producteurs est un innovateur qui construit des cages et fabrique des aliments pour animaux à partir d'une machine qu'il a lui-même fabriquée. Ce potentiel peut être utilisé pour ajouter de la valeur à la production de lapins.

Acteurs :

40 éleveurs de lapins, animateurs SIAL, membres de la plateforme SIAL (CUM, CAM, CITMA, BANDEC, Planificacion Fisica, Delegacion de la Agricultura, Empresa Agropecuaria Cubasoy, Unidad Basica Electrica, Direccion Municipal de Economia y Planificacion, ACTAF, ACPA).

Outils :

- Plate-forme municipale multipartite pour le développement de ces espèces.
- Petits groupes d'innovation en matière d'élevage dans la municipalité, dont le groupe "Amis de la production d'aliments pour animaux".
- Méthodologies participatives pour la gestion génétique des troupeaux, apprentissage du contrôle intégré du parasitisme, caractéristiques des installations et de l'alimentation.
- Cartographie des parties prenantes
- Conception systématique de l'exploitation.
- Écoles de terrain
- Foires agricoles

2.   - Biodiversité végétale.

Potentialités.

La municipalité produit diverses cultures telles que : des viandes (pomme de terre, malanga, yucca, patate douce, banane), des bananes et des fruits, des légumes (tomate, oignon, ail, citrouille, concombre, melon et chou entre autres), des céréales (haricots, maïs, riz, sorgho, pois chiche et soja) et des arbres fruitiers (ananas, citrouille, mangue, goyave et noix de coco). Les rendements de ces cultures sont acceptables.

Les recherches menées sur le territoire montrent l'adaptabilité de 13 variétés de haricots aux conditions pédoclimatiques de la localité.

Limites.

Les acteurs locaux ne parviennent pas à promouvoir la diversité des variétés de cultures et, dans le même temps, ils manquent de semences certifiées dans les différentes catégories qui leur permettraient de maintenir la génétique des cultures et d'obtenir des rendements élevés, ce qui constitue une contrainte pour le développement local. **Défi à relever.**
Mettre en place des banques de semences pour la production de semences gamiques et agamiques dans la localité.

Scénarios

CCS El Vaquerito, UBPC 3 de Octubre, CPA 1ro de Enero

Acteurs.

Membres de la plateforme SIAL (CUM, CAM, CITMA, BANDEC, Physical Planning, Delegacion de la Agricultura, Direccion Municipal de Economia y Planificacion, ACTAF, ANAP, UEB Agroforestal) Membres des GIALs

Outils.

- Foires d'agro-diversité promouvant l'utilisation de nombreuses variétés par les producteurs.
- Écoles de terrain avec les producteurs.
- Convivencias.
- Ateliers.

2.1 La sylviculture.

Potentialités

Les ressources forestières occupent la plus grande surface de la municipalité, avec une superficie totale de 22 514 hectares, dans les catégories des forêts naturelles et artificielles. Les variétés les plus importantes sont le chêne, l'acajou, le casuarina, l'ocuje, l'eucalyptus, le llana, le palmier royal, le teck et d'autres arbres à bois. Il existe également plusieurs variétés d'arbres fruitiers, comme l'avocatier, le manguier, le prunier, le mamoncillo, le mamey, le sapotier, le citronnier et le goyavier.

Limites

Selon les études sur la dynamique des forêts réalisées par le service forestier de l'État du département municipal de l'agriculture, la population a tendance à diminuer, ce qui est dû en grande partie aux facteurs suivants :

- L'introduction d'espèces exotiques envahissantes dans les zones forestières.
- Braconnage non autorisé dû à l'indiscipline sociale.
- Le volume d'abattage dans le domaine forestier est supérieur au nombre de plantations.

- La réussite et la survie sont affectées par le processus de sécheresse auquel le territoire a été confronté au cours des années 2014 à 2017.
- Il n'y a pas de pépinière forestière sur le territoire.

Défi : Tirer parti du potentiel des bases productives sélectionnées pour contribuer au reboisement par la plantation de brise-vent, de clôtures vivantes, d'arbres à insecticide naturel et de systèmes sylvopastoraux.

Scénarios

CCS El Vaquerito, UBPC 3 de Octubre, CPA 1ro de Enero, pépinière forestière, exploitations forestières.

Acteurs.

Membres de la plateforme SIAL (CUM, CAM, CITMA, BANDEC, Planificacion Fisica, Delegacion de la Agricultura, Direccion Municipal de Economia y Planificacion, ACTAF, ANAP, UEB Agroforestal), membres du GIALs **Herramientas.**

- Expérimentation paysanne.
- Écoles de terrain avec les producteurs.
- Échanges entre producteurs
- Journées sur le terrain.
- Ateliers.
- Gestion des connaissances basée sur les intérêts et les besoins des producteurs en matière de reboisement (vidéos, bulletins d'information, brochures, dépliants, etc.)

3. - Biodiversité animale.

Potentialités

À la fin de 2017, dans la branche de l'élevage, la production de lait contractée a atteint 1 345560 litres, pour une conformité de 101%, ce qui signifie 9060 litres de plus que prévu. La municipalité compte 300 producteurs de bovins, qui possèdent des terres en usufruit, 86 d'entre eux appartiennent aux bases productives sélectionnées pour l'insertion du SIAL dans la municipalité, ils remplissent leurs plans systématiquement.

Limites

Bien que la livraison de viande et de lait soit assurée, il existe encore des facteurs fondamentaux qui limitent la quantité et la qualité de la production et qui sont liés à la santé et à la génétique du bétail. En ce qui concerne la santé du bétail, il existe une épidémie de brucellose dans la municipalité en général, ce qui a conduit à l'adoption de mesures telles que la capture et l'abattage massif de buffles sauvages.

En ce qui concerne la génétique animale, il n'existe pas de sélection génétique permettant de gérer les races en fonction des objectifs et des intérêts des producteurs de la municipalité. Cette situation a entraîné la dégénérescence des races par rétrocroisement, faute d'une bonne gestion de la reproduction et de la consanguinité, ce qui provoque la multiplication d'animaux qui ne sont pas aptes à se développer, ainsi que la surpopulation de gros bovins qui ne sont pas vendus parce qu'ils ne sont pas adaptés à la consommation humaine.

Défis.

Lutte contre la brucellose

Création d'un pool génétique.

Scénarios

CCS El Vaquerito, UBPC 3 de Octubre, CPA 1ro de Enero.

Acteurs.

Membres de la plateforme SIAL (CUM, CAM, CITMA, BANDEC, Aménagement du territoire, Délégation à l'agriculture, Direction municipale de l'économie et de la planification, ACTAF, ANAP, UEB Agroforesterie, Direction municipale vétérinaire et CNCOP), membres des GIAL.

Outils.

- Gestion des connaissances en fonction des intérêts et des besoins des producteurs en matière de reboisement, services scientifiques et techniques pour la gestion durable du gros bétail.
- Ateliers de sensibilisation avec les principaux producteurs pour les sensibiliser à la nécessité d'introduire un rebano pour la gestion génétique des races.
- Écoles de terrain.

3.1- L'apiculture.

Potentialités.

La municipalité compte actuellement sept ruchers avec 160 ruches. Cette année, il est prévu d'atteindre le chiffre de 8 ruchers avec 180 ruches, avec un rendement de 50 kg de miel par ruche d'ici 2020.

Les projections de production jusqu'en 2020 sont les suivantes :

Le tableau 4 montre la projection de la production de miel par année.

Indicateur	UM	2017	2018	2019	2020
Miel	T	8	9	9	9
Cire	Kg		135	135	135
Propolis	Kg	8	9	9	9
Reines des abeilles	U	0	0	0	0

Ruches	U	160	180	180	180

Les bases de production sélectionnées pour la mise en œuvre du SIAL dans la municipalité de Venezuela comportent des zones forestières dans lesquelles il est possible de travailler pour l'introduction du Melipona, ainsi que d'autres zones dans lesquelles il est possible d'établir des plantes fourragères qui font partie des préférences du Melipona.

Limites.

L'introduction de Meliponabecchi n'a pas été intentionnelle dans la municipalité malgré son importance en tant que ressource de biodiversité qui permet le maintien des écosystèmes. Un tiers des aliments que nous consommons provient de la pollinisation, et environ la moitié des animaux qui pollinisent les plantes tropicales sont des abeilles (Nates-Parra, 2005 ; Da Silva *etal.,* 2012).

Défi.

Introduction de Meliponabecchi dans la commune.

Scénarios

CCS El Vaquerito, UBPC 3 de Octubre, CPA 1ro de Enero.

Acteurs.

Membres de la plateforme SIAL (CUM, CAM, CITMA, BANDEC, Aménagement du territoire, Délégation à l'agriculture, Direction municipale de l'économie et de la planification, ACTAF, ANAP, UEB Agroforesterie, Direction municipale vétérinaire).

Outils.

- Ateliers de sensibilisation avec les principaux producteurs pour les sensibiliser à la nécessité d'introduire Melipona.
- Caractérisation des villages : Sanguily, Rasco, La Ofelia, La Eduviges, Caballe, La Americana et Carolina.
- Gestion des connaissances (brochures, dépliants, brochures, tutoriels)

4. Gestion des connaissances.

Potentialités.

Dans la municipalité de Venezuela, l'articulation des acteurs est adéquate, il y a participation à tous les espaces de consultation, aux réunions conjointes, à la formation des différents groupes, il y a participation à la conception de la stratégie de développement local, les principaux problèmes sont identifiés et des travaux sont réalisés pour les résoudre à court, moyen et long terme, la stratégie de troisième cycle est conçue sur la base des demandes et des priorités, on peut donc en déduire que l'articulation avec le CAM est bonne.

Limites.

La recherche de moyens et de méthodes appropriés pour parvenir à une implication cohérente et systématique de tous les acteurs locaux afin de relever les défis de la localité est considérée comme une nécessité.

Défi.

Impliquer tous les acteurs locaux pour relever les défis auxquels la municipalité est confrontée.

Scénarios

CUM, CITMA, Delegacion Municipal de la Agricultura, UNICA,

Acteurs.

Membres de la plateforme SIAL (CUM, CAM, CITMA, BANDEC, Aménagement du territoire, Délégation à l'agriculture, Direction municipale de l'économie et de la planification, ACTAF, ANAP, UEB Agroforesterie, Direction municipale de la médecine vétérinaire, médias et spécialistes liés au PIAL et aux producteurs).

Outils.

- Ateliers de sensibilisation avec les parties prenantes, les décideurs, les spécialistes des institutions municipales et les producteurs.
- Cycles d'apprentissage en action .
- Diagnostics participatifs.
- L'éducation populaire.
- Utilisation de matériel didactique et de médias d'information.

5. - Agro-industries.

Potentialités.

La municipalité cultive un grand nombre d'arbres fruitiers (ananas, citrouille, goyave et mangue) et parmi les bases de production sélectionnées se trouve le CCS El Vaquerito, pionnier dans la production d'ananas, de citrouille et de goyave, fondamentalement, ainsi que dans la production de grandes quantités de tomates industrielles, de melons et de piments. Cette dernière est sous contrat avec le tourisme depuis plusieurs années.

Limites.

Il n'existe pas de mini-industries sur le territoire pour la transformation de ces fruits et légumes qui génèrent également de l'emploi et contribuent à l'amélioration des indicateurs économiques et sociaux de la localité.

Défi.

Mise en place d'une mini-industrie pour la transformation des fruits et légumes ainsi que pour l'obtention de jus, de pulpes et d'autres dérivés. Cette situation oblige à déplacer la production sur de longues distances, ce qui génère des coûts supplémentaires en termes de carburant, de main-d'œuvre, de transport et de pertes de production, en fonction du temps d'attente, ce qui rend le processus non durable.

Scénarios

CCS El Vaquerito, UBPC 3 de Octubre, CPA 1ro de Enero.

Acteurs.

Membres de la plateforme SIAL (CUM, CAM, CITMA, BANDEC, Aménagement du territoire, Délégation à l'agriculture, Direction municipale de l'économie et de la planification, ACTAF, ANAP, UEB Agroforesterie, Direction, médias et producteurs).

Outils.

- Échanges et convivialité, pour faciliter l'accès aux expériences d'autres localités où des mini-industries ont été mises en place.
- Cycles d'apprentissage en action.
- Projets d'innovation pour le développement local

6.   - Agroécologie et changement climatique.

Potentialités

Des alternatives agro-écologiques sont utilisées dans les bases de production, telles que l'amélioration des sols avec la cachaza, l'utilisation de bio-stimulants et de bio-régulateurs, l'utilisation de moyens biologiques pour le contrôle des ravageurs et des maladies, ainsi que la volonté des producteurs de promouvoir la recherche scientifique et l'innovation. Dans l'une des exploitations du CCS "El Vaquerito", un projet d'entreprise est en cours de développement et des recherches sont menées, notamment sur le comportement productif de 17 variétés de riz, qui ont également représenté le territoire dans de nombreux événements, dont la XIIe rencontre internationale d'agroécologie, d'agriculture biologique et d'agriculture durable. Les producteurs ont intégré la terminologie de l'agroécologie dans leur discours théorique.

Limites.

Les agriculteurs manquent de connaissances, de compétences et d'attitudes dans l'utilisation efficace et suffisante de la technologie, de l'eau, de l'énergie, de la gestion de la fertilité des sols, des ravageurs et des maladies, et de l'introduction d'espèces et de variétés résistantes au changement climatique.

Défi.

Promouvoir une agriculture durable sur une base agro-écologique qui intègre l'adaptabilité au changement climatique et l'atténuation de ses effets.

Scénarios

CCS El Vaquerito, UBPC 3 de Octubre, CPA 1ro de Enero.

Acteurs.

Membres de la plateforme SIAL (CUM, CAM, CITMA, BANDEC, Aménagement du territoire, Délégation à l'agriculture, Direction municipale de l'économie et de la planification, ACTAF, ANAP, UEB Agroforesterie, Direction, médias et producteurs), stations météorologiques de Jucaro et du Venezuela.

Outils.

* Échanges et convivialité, pour faciliter l'accès aux expériences d'autres localités où des mini-industries ont été mises en place.
* Cycles d'apprentissage en action.
* Méthodologies participatives pour la production et l'utilisation de matières organiques (lombriculture, compost et biosol), utilisation de plantes fixant l'azote, production et utilisation de micro-organismes efficaces, systèmes d'irrigation efficaces et gestion de l'eau, utilisation d'énergies renouvelables, gestion des ressources forestières. Préparation et conditionnement des sols respectueux de l'environnement, utilisation de plantes répulsives, d'insecticides, de brise-vent, de biorégulateurs et de biostimulants, ainsi que gestion intégrée des ravageurs et des maladies.
* Conception systématique de l'exploitation.

7.   **- Jeunesse et genre.**

Potentialités.

Dans la municipalité de Venezuela, des actions axées sur l'égalité des sexes sont menées dans le secteur agricole.

Limites.

Acteurs locaux présentant des déficiences cognitives qui entravent l'intégration et l'élimination des disparités entre les hommes et les femmes dans le scénario local. **Défi.**

Promouvoir l'égalité entre les hommes et les femmes dans toutes les actions du programme.

Scénarios

CCS El Vaquerito, UBPC 3 de Octubre, CPA 1ro de Enero.

Acteurs.

Membres de la plateforme SIAL (CUM, CAM, CITMA, BANDEC, Delegacion de la Agricultura, Direccion Municipal de Economia y Planificacion, ACTAF, ANAP, UEB Agroforestal, mass media, productores, Direccion Municipal de Trabajo y Seguridad Social, Federacion de Mujeres Cubanas). **Les outils.**

* Cycles d'apprentissage par l'action pour faciliter la gestion des connaissances basée sur l'action-réflexion-action, avec les femmes et les jeunes en fonction de leurs besoins, en donnant la priorité aux femmes et en créant des conditions en termes de

temps et d'horaires pour qu'elles puissent participer.

- Ateliers de sensibilisation et de formation sur le genre et la jeunesse pour les acteurs locaux et les décideurs du système local d'innovation agricole.

- Des produits de communication dans une perspective d'équité sociale qui peuvent être compris à tous les niveaux du système local d'innovation agricole, y compris la création et la diffusion de produits audiovisuels sur la vie et le travail de femmes et de jeunes remarquables dans le secteur agricole, qui diffusent leurs avancées scientifiques et technologiques et leurs bonnes pratiques dans le secteur.

2.3 - Conditions nécessaires à la mise en œuvre du SIAL dans la municipalité de Venezuela.

Selon les critères de Podesta (1999), le développement local est un processus dans lequel une société locale, conservant son identité et son territoire, génère et renforce ses dynamiques économiques, sociales et culturelles, en facilitant l'articulation de chacun de ces sous-systèmes, afin d'obtenir une plus grande intervention et un meilleur contrôle.

Pour mener à bien ce processus, la participation des agents, des secteurs et des forces qui interagissent dans les limites d'un territoire donné est fondamentale : " la génération de croissance économique, l'équité, le changement social et culturel, la durabilité écologique, l'orientation vers le genre, la qualité et l'équilibre spatial et territorial, dans le but d'augmenter la qualité de vie et le bien-être de ses habitants ". (Alberto, 2003)

Le système d'innovation est cohérent avec la mise en œuvre de nombreuses lignes directrices de la politique sociale, économique et politique du Parti et de la Révolution pour le secteur agricole, par conséquent, ils constituent des conditions pour la mise en œuvre du SIAL dans la municipalité du Venezuela :

- L'implication du gouvernement municipal en tant qu'acteur ayant la plus grande capacité d'organiser et de diriger ce système ou d'en assurer le fonctionnement efficace.

- Le protagonisme et l'activisme des agriculteurs et des acteurs locaux impliqués dans la conception du SIAL.

- La culture de la participation comme composante essentielle et déterminante du système.

- La culture de l'innovation locale et participative comme moteur de l'innovation sur le territoire.

- Le développement des capacités des acteurs locaux à appliquer les bonnes pratiques dans le contexte agricole, sur la base de cycles de gestion de l'apprentissage à travers des processus d'action-réflexion-action qui développent des connaissances et des compétences qui se traduisent par des attitudes innovantes propices à un développement local qui se distingue par sa créativité et son identité.

Pour la mise en œuvre du SIAL dans la municipalité de Venezuela, il est nécessaire d'accomplir une série d'étapes sans lesquelles sa mise en œuvre serait impossible.

Étapes de la mise en œuvre du SIAL.

1. déterminer les formes de production et les acteurs de la chaîne qui demandent l'innovation : ce sont ceux qui génèrent la demande d'innovation et jouent un rôle de premier plan dans sa gestion, ainsi que les producteurs individuels, parmi d'autres acteurs locaux, qui mettent leurs actifs naturels, physiques, humains, socioculturels et économico-financiers respectifs au service de l'innovation agricole.

2. Créer les Groupes d'Innovation Agricole Locale (GIAL) : Ils articulent des acteurs alliés face à des demandes de développement, avec des défis et des intérêts communs, qui innovent pour générer des solutions dans la sphère socio-économique et productive. Bénéficiaires directs de l'innovation, regroupés pour résoudre un défi ou une demande de développement local.

3. Créer la plateforme de gestion multipartite (PMG). Un espace de concertation et d'articulation des acteurs, caractérisé par la participation protagoniste des agro-producteurs, des paysans et des agriculteurs. Un espace où sont conciliés les intérêts, les agendas, les politiques, les programmes et les actions concrètes, qui répondent aux stratégies municipales et les enrichissent. C'est également là que se matérialisent les propositions de solutions aux "goulets d'étranglement" existants dans les chaînes agroalimentaires du territoire.

4. Créer l'équipe auxiliaire de facilitation. Il s'agit de personnes ayant les compétences nécessaires pour faciliter, dynamiser ou catalyser le fonctionnement des structures du système et des processus d'innovation spécifiques, et qui se retirent une fois que cet objectif a été atteint. Elles peuvent provenir de plusieurs institutions.

5. La conciliation des demandes locales avec les politiques et stratégies municipales de développement agricole. Existence de demandes locales et réponse par des stratégies de développement local.

6. Planifier des stratégies de développement agricole local qui prennent en compte les cycles de gestion du SIAL. Il s'agit d'actions de développement basées sur des cycles d'apprentissage en action à travers des processus d'action-réflexion-action qui permettent le développement de connaissances, de compétences et d'attitudes à appliquer à de nouvelles pratiques en matière de développement local.

Dans ce processus, le rôle du gouvernement local, qui gère et coordonne le SIAL afin de faire correspondre les demandes locales d'innovation agricole avec les priorités de développement au niveau territorial et de rendre viable le lien organique avec le système d'innovation scientifique et technologique, est décisif. C'est l'acteur qui a la plus grande capacité à mettre en œuvre et à diriger le système. Il assimile les demandes de développement local et les rend compatibles avec les intérêts municipaux, supra-municipaux et institutionnels pour construire des stratégies de développement local. Les institutions et les organisations accompagnent, soutiennent et facilitent également les processus d'innovation, en enrichissant les défis de développement local et en les reliant à leurs propres agendas et défis nationaux.

Afin de contextualiser le Système local d'innovation agricole à la réalité de la municipalité du Venezuela, en tenant compte des forces et des faiblesses au niveau macro et micro social, un plan d'action multipartite est proposé comme moyen de mettre en œuvre le SIAL. Ce serait la clé du succès pour parvenir à un développement agricole durable dans la municipalité du Venezuela, axé sur la participation, le dialogue, l'échange de connaissances, l'horizontalité, l'inclusion, l'équité et la justice sociale.

À partir de ces approches, le plan d'action suivant est présenté comme une expression maximale de l'intégration des acteurs locaux :

Tableau 5 : Actions multi-acteurs pour l'insertion du SIAL dans la municipalité de Venezuela. Élaboration personnelle

ÉTAPES	Actions	Responsable	Ressources	Date
Les déterminer les formes de production et les acteurs de la chaîne, les demandeurs d'innovation	Échanger avec les autorités politiques et gouvernementales pour l'analyse des bases productives dans le but de produit potentiel pour la mise en oeuvre de SIAL.	CUM-CAM	Bases de données de la Agriculture	1er quinzaine de février 2018.
	Réunions échange et sensibilisation avec les adresses des bases productives pour les la mise en oeuvre de SIAL.	CUM-CAM	Documents SIAL	2ème moitié de février
	Application de la des outils de diagnostic.	CUM	Instruments de diagnostic (entretien avec les femmes, groupe de femmes, groupe d'hommes)	

DefinirGIALs /Les conseils populaires et les gouvernements de base populaires faciliter leur fonctionnement	Formation des GAL en fonction de leurs intérêts et des différents critères et d'éligibilité. ...és qui ...activit ...exécuter.	Gouvernement municipal et CUM.	discussion CUM, CAM et Agriculture et la les acteurs locaux (gouvernement, université, industrie productif avec un accent sur CCS, UBPC, UEB, CPA) Ateliers participatifs, dialogue des connaissances avec les agriculteurs et les producteurs.	Octobre 2018
	Cartographie de localisation des exploitations agricoles et des chefs de file en fonction de l'âge et du sexe. lesGIALs se sont formés.	la groupe de facilitation, GIAsL et CUM	Carte de la commune, bases de données agricoles mapinfo.	Octobre, 2018
	Soci alisation des	groupe de facilitation, from	Fairs	Novembre

les bonnes pratiques des GIAL	GIALs et CUMs	l'agrodiversité, Écoles de terrain, Convivencias.	2018
Concertation espaces échange entre les producteurs dans les exploitations et les unités et des centres de recherche.	groupe de facilitation, GIALs et CUMs	Atelier interactif sur les bonnes pratiques. Convivencias. Expérimentation participative des agriculteurs	En date de novembre 2018
...nstruction et conception collective du plan d' action et le plan annuel de la plate-forme.	Co Gouvernement municipal, UNICA, groupe facilitation et GIAL	...nions de la concertation.	Réu Déc 2019
Gestion del connaissances à fonction de intérêts et besoins les producteurs de	Groupe d'animation, CUM GIAL	...erche informations, produits de communication, entretiens, réunions avec des spécialistes ,	Rech Permanent

les GIAL.		producteurs ou leaders, école de agriculteur(s) , les micro-subventions.	Permanent
Diagnostic pour l'enquête sur les de nouvelles connaissances.	Groupe d'animation, UNICA et GIAL	Enquêtes, entretiens, groupes de discussion.	Permanent
Elaboracionde projets pour développement local	Gouvernement municipal, groupe de facilitation, UNICA et GIAL	Convocatoriasde projets pour le développement local , sources de le financement des projets le développement local.	Premier semestre 2019
Création d'espaces échange pour les débats, réflexions pour la formation et constitution zone s de l'apprentissage.	d'pe de laliitateurs et descatalyseurs, UNICA, CAM.	Grou Foires et festivals agroécologique, faci circulodeinterest agricole, visites d'exploitations, création de projets, déplaceme nt des	Selon le plan el Annu activités

Création de la plateforme multipartite (PMG). L'espace concertation et articulacionde acteurs	Socialisation des résultats obtenus dans les domaines suivants l'apprentissage créé.	Groupe de facilitateurs et catalyseurs, UNICA, CAM, médias la communication locale et provincial.	Produits de communication, brochures, dépliants et articles scientifiques. les femmes rurales, mouvement de jeunesse agriculteurs, etc.	Permanent
	Les motiver différents acteurs territoire afin de se conformer à plateforme	CUM, ATAF, CITMA, duMINAG	Produit de communication, brochures, articles, tutoriels.	Mars 2018
	La sélection les acteurs locaux à faire partie de la plateforme.	CUM, ATAF, CITMA, MINAG	Échanger avec acteurs. Le travail de groupe pour déterminer les rôles.	Février 2018
	Légalisation de la plate-forme.	CAM-CUM	Médias audiovisuels. Notice biographique de	2ème réunion de laCAM

Activité	Tâches	Responsable	Produit	Date
Créer une équipe assistant de facilitation	Approbation par le CAM de la plateforme		les membres	Juin 2018
	Définition de une méthodologie pour son fonctionnement.	Les membres de la plateforme	Document méthodologique de fonctionnement de la plateforme	septembre-octobre 2018
	Envoi avec les autorités politiques et	CAM et UNICA	Produits de communication	Février 2018
	Réunions échange et sensibilisation avec PMG, GDL, CAM.	CAM et UNICA	Fourniture de produits de communication complémentaires, de matériel d'appui	Mars 2018
	Socialisation des SIAL dans le contexte municipal et provincial.	UNICA, TV avilena, ETECSA, Gouvernement municipal.	à propos du SIAL Note d'information Émissions de télévision et spots promotionnels. Médias de Communication locale et provinciale (Radio Surco, Radio Sabana laMar Periodico	Février 2018

Socialisation et diffusion de l'initiativeSIAL à travers les organisations les masses politiques	Conf Organisations politiques et de masse, CUM, UNICA.	Invader, Produits de communication	septembre 2018
ormitédel groupe de facilitateurs et de catalyseurs qui fav orisent la	Conf Administration municipale et UNICA	Ateliers participatifs, dialogue des connaissances avec les agriculteurs et les producteurs.	Février 2018
La sélection les acteurs locaux à intégrer dans la deuxième édition de la formation diplômante	Acteurs locaux CUM-CAM et MINAG	iaux provenant de Diplôme	Matér Ener ode 2019
Sui vi et évaluation des acteurs locaux incorporés dans la deuxième édition de la formation diplômante	CUM-CAM et MINAG	Dynamique de groupe et êtes satisfaction.	Ener ode enqu 2019
Les Identifier dans le groupe réconcilier	CUM et	Groupes de discussion,	A partir de

		facilitation/ catalyseur	éch Sep- 2018
demandes locales avec des politiques muni cipal développement agricole. L' exist ence de les demandes locales et leur réponse par des stratégies de le développement local.	Les groupes de travail du CAM et du MINAG, les espaces qu'ils possèdent des opportunités qui permettent d'identifier demandes (sensibilisation parties prenantes -CCS, UBPC et CPA ; approche fondée sur l'équité)		anges et débats.
	Promouvoir des ateliers d'échange pour demande de conciliation de la stratégie avec ces identifications dans le contexte de la stratégie de l'Union européenne. productifs	Groupe d'animation, UNICA et GIAL	Groupes de discussion, anges et débats. éch
	Visiter et échanger les expériences des prod ucteurs avancés dans les domaines suivants processus	Groupe d'animation, UNICA et GIAL	Contexte d'action productif.

l'innovation locale ou l'esprit d'entreprise local.				
Gén ération espacespour socialisation de l'expérience accumulée et de la bonnes pratiques.	Gouvernement municipal, groupe de facilitation, UNICA et GIAL	Visiter les références agro-écologiques, les échanges entre producteurs, foires, festivals, expositions, produits de communication, ateliers, concours.	Co	Selon le plan de l'événement
Participer à événements organisés par les différents organisations les masses, la politique, ANAP, ATAF, MINAGRI, CITMA, FMC, UJC.	Gouvernement municipal, groupe de facilitation, UNICA et GIAL	nvocatoriasa des événements locaux, municipal, provincial, nati onal internationale.		
Écha nge de	Administration municipale,	Salon de la diversité		Selon le plan

expéri...			internation	annu
...ences avec producteurs (a)s d'autres municipalités avilenos, provinciaux et internationaux.	Groupe d'animation, UNICA et GIAL	...al à Foires provinciales et locales.	...elde activités	...Permanent
Diffus...ion de fonctionnement, résultats et impacts de l'initiativeSIALdans l'Union européenne territoire.	Moyens de Communication locale et provinciale (Radio SabanalaMar, RadioSurco, journalInvader, programmePoint de Giro et ETECSA).	Produits de communication, spott la télévision et la radio.		
Syst...ématisation des les bonnes pratiques.	Groupe d'animation, UNICA, gouverneme...nt municipal, GIAL	Notes d'information, rapports exécutifs, livres, articles scientifiques, produits produits de communication, didacticiels.		
Conf...eccionde audiovisuels, didacticiels et matériels	Groupe d'animation, UNICA, ...nt ...municipal, GIAL, GUM	Au diovisuel et gouverneme...le matériel de soutien.		

Activité	Responsable	Moyens de vérification	Date
de soutien aux contenir des preuves de chaque action multipartite.			
Publication de articles scientifiques dans des revues à fort impact évaluées par des	CUM, UNICA, GIAL	Réfé rences de les bonnes pratiques et le matériel d'appui.	
Inte rview sleaders producteur qui se distinguent par leurs bonnes pratiques dans Avila	GIAL, CUM, Administration municipale.	Preuves de bonnes prati ques principaux producteurs.	
Planification des stratégies de développeme nt agrope cuariolocal à trouver à l'adresse suivante Les cycles de gestion du SIAL sont pris en compte. Motivation, Ateliers la sensibilisation des acteurs locaux.	Gouvernement municipal, groupe de facilitation, UNICA et GIAL	Produits de communication, expo sition de résultats, foires, concours, ateliers.	Déc 2018
Diagnostic de un environnement productif social et environnementale.	Gouvernement municipal, groupe de facilitation, UNICA et GIAL	Enquête, entretien et groupe de discussion.	

Cartographie des niveaux	Gouvernement municipal,	Enquête, entretien et groupe de discussion.
de perception, des problèmes, des pot entiels et de l'environnement. demandes.	groupe de facilitation, UNICA et GIAL	
Dise node mod alités action.	Groupe d'animation, UNICA et GIAL	Ateliers, techniques NOPS ; groupes de discussion.
Socialisation des fonctionnement et résultats de la GIAL al contexte municipal.	Moy ens de la communication locale e la communication provinciale (Radio InvasiveFurrow Programme Punto de Giro et ETECSA).	Pas d'information spots télévisés et tradiophoniques,

Pour que l'innovation dans la municipalité de Venezuela soit maintenue et durable, il est nécessaire que les acteurs qui composent la plateforme agissent comme des oxygénateurs des GIALs, car ils constituent la cellule fondamentale du développement local.

Cela permettra aux producteurs, aux acteurs et aux décideurs d'être des protagonistes actifs des principales transformations générées dans la localité et qui s'expriment dans le régime alimentaire quotidien des Vénézuéliens de telle sorte qu'ils se sentent satisfaits et motivés pour s'identifier à leur localité.

Conclusions

1. Le diagnostic et la caractérisation du système agricole de la municipalité de Venezuela, dans la province de Ciego de Avila, ont montré qu'il possède un potentiel social, économique, productif et environnemental pour promouvoir le développement endogène durable du territoire, mais que l'intégration inadéquate entre les acteurs locaux entraîne une stagnation du développement local.

2. La prédominance de systèmes de relations entre acteurs locaux basés sur la verticalité entraîne un affaiblissement de la formation de réseaux de connaissances et d'un flux constant d'informations dans le système innovant local.

3. Un programme de développement local a été conçu pour relever les principaux défis du territoire en relation avec les bases productives sélectionnées, en tenant compte de leur potentiel et de leurs faiblesses, et un plan d'actions multisectorielles pour la mise en œuvre du SIAL dans la municipalité de Venezuela. Tous deux sont fondés sur la culture de la participation et reposent sur les principes de la participation, du dialogue et de l'échange de connaissances afin de favoriser le développement local.

Recommandations

L'étude exploratoire menée sur les contextes de l'agriculture et de l'innovation dans la municipalité de Venezuela a suggéré que c'était nécessaire :

S Diffuser parmi les acteurs locaux les expériences acquises lors de l'élaboration du programme et du plan d'actions multipartites pour le développement durable.

Mise en œuvre du SIAL dans la municipalité du Venezuela.

S Pour que le SIAL dans la commune soit efficace et que des progrès soient constatés, il faudra déterminer les indicateurs qui permettront de mesurer son fonctionnement.

La mise en œuvre du SIAL dans la municipalité de Venezuela devrait avoir comme expression maximale le changement de paradigme dans les relations sociales qui conduit au progrès dans la production alimentaire, dans la génération d'emplois avec inclusion, et dans la promotion d'aliments sains à partir de la production durable sur des bases agro-écologiques, avec l'adaptabilité au changement climatique, à travers les interactions, les flux de connaissances, l'apprentissage, le transfert de technologie, la génération de bénéfices dans le secteur agricole et d'autres.

Bibliographie

Altieri (1994). L'agroécosystème : déterminants, ressources et processus. Edition 2011-2012.CD de la Licence en Sciences de l'Education, spécialité Agronomie. Plan D. Matériel bibliographique.

Conseil de l'administration de la municipalité de Venezuela (2018). Projet de développement intégral (PDI) de la municipalité de Venezuela.

Cepeda, M. ; Nates Parra, G. et Tellez, G. (2008). Commercialisation des produits de la méliponiculture en Colombie. Proceedings. V Congrès mésoaméricain sur les abeilles sans aiguillon. Mérida, Yucatan, p. 36.

Da Silva, C. I. ; Gomes, N. ; Correia, L. et Garofalo, C.A (2012).L'importance de la diversité végétale dans le maintien de l'abeille pollinisatrice, Eulaemanigrita (Hymenoptera : Apidae) dans les champs de fruits de la passion douce. Rev. Biol. Trop. (Int. J. Trop. Biol. ISSN-0034- 7744) Vol. 60 (4),pp.1553-1565.

Direccion Provincial de Planificacion Fisica (2015). Esquema Provincial de Ordenamiento Territorial hasta el 2030 de la provincia Ciego de Avila. Format imprimé.

Fawaz, M.J. et Vallejos, R C. (2008).Construyendo participacion ciudadana a nivel local. La experiencia de los pequenos productores agropecuarios de la provincia de Nuble. Revista Theoria, Vol. 17 (1), pp. 19-32.

Orientations de la politique économique et sociale du Parti et de la Révolution (2011), pp. 26-28.

La O et al. (2017). Bonnes pratiques pour l'innovation agricole locale. Une approche participative de la gestion du développement. INCA Editions. ISBN 978-9597023-93-7.

Leal et al. (2016). L'abeille Meliponabeecheiibennet dans les zones protégées de la région occidentale de Cuba. Article scientifique dans Revista Forestal Baracoa Vol. 35, Special Issue 2016. ISSN : 2078-7235.

Morrissey, J. (2000), Indicators of citizen participation : lessons from learning teams in rural EZ/EC communities. CommunityDevelopmentJournal Vol. 35, No.1,pp. 5974.

Nates-Parra, G. (2001). Les abeilles sans dard (Hymenoptera : Apidae : Meliponini) de Colombie. Biota Colombiana 2 (3), pp. 233-248.

Nates-Parra, G. (2005).Manejo Integrado de Plagas y Agroecologia (Costa Rica) No. 75, p. 7-20. Nunez, J. (2014). Université, connaissance, innovation et développement local. La Havane : Felix Varela.

Ortiz, R ; La O, Manuel et Miranda, Sandra (2017). Curso Sistema de Innovacion Agropecuario Local : conformacion y formulacion. Texto de apoyo al diplomado para la implementacion del Sistema de Innovacion Agropecuario Local. Mayabeque : Ediciones INCA. ISBN 978-959-7023-906 ONEI 2015.

Ortiz, et al. (2017). Construire une culture de la participation. Sistema de Innovacion Agropecuario Local : Texto de apoyo al diplomado para la implementacion del Sistema de Innovacion Agropecuario Local. Mayabeque : Ediciones INCA ISBN 978-959-7023-906.

Bureau national des statistiques et de l'information (2012). Recensement de la population et du logement. La Havane. ONEI.

Bureau national des statistiques et de l'information (2012). Anuario Estadistico. La Havane. Consulté sur le site http://www.onei.cu.

Romero et autres (2017). Vers une gestion participative du développement local. Texto de apoyo al diplomado para la implementacion del Sistema de Innovacion agropecuario Local. Mayabeque : Ediciones INCA ISBN 978-959-7023-906.

Vazquez, A.(2004).Développement endogène et mondialisation. Revista Eure. Volume XXVI (79), Santiago du Chili.

Annexes

Annexe 1. Tableau indiquant la disponibilité des machines par base de production.

Formes productives	Unité de production	Tracteur en caoutchouc	Outils agricoles				Superficie allouée (Ha)
			Préparation du sol	Semis et soins culturaux	Récolte	Moyens de transport	
CCS	Capitan San Luis	2	3	0	0	0	
	El Vaquerito	4	2	0	0	0	
	Niceto Perez	1	2	0	0	0	
CPA	1er janvier	8	6	3	1		
	Hector Diaz	7	5	1	1		
Secteur d'activité	UEB Buffalo	4	3	0	1		
	UEBAcope	1	0	0	0	0	
	Cochons de l'UEB	3	0	0	0		
	UEB Silvicola	2	0	0	0		

	Cubasoy	55	32	72	0	40	
	UEB Intégrale	7	4	3	0	1	
UBPC	3 oct.	3	17	0	0	1	
Personnes Naturel	3 octobre	17	126	15	1	146	1127.86
	CCS Vaquerito	73					
	CCS Capitan San Luis	18					
	CCS Niceto Perez	11					
	CCS NestorBonachea	1					
	CCS Pedro Martinez Brito	1					
	CPA El Vaquerito	1					
	CPA Hector Diaz	8					
	CPA Ramon Dominguez de la Pena	1					
Autres	Direction municipale du CNCT	1	0	0	0		
Total		228	228	200	94	4	

Annexe 2.

Entretiens avec des femmes

Objectif : Évaluer la position des femmes vénézuéliennes dans le contexte agricole actuel, en termes de rôles, d'accès aux produits et aux services, d'amélioration personnelle et de prise de décision.

1. Type de travail des femmes et des hommes et rôle qu'ils jouent (reproductif, productif ou communautaire).

2. Postes occupés par des femmes et des hommes (explorer le conseil d'administration et les rôles au sein de la coopérative).

3. S'ils reçoivent une stimulation, laquelle et laquelle ils reçoivent.

4. Quelles sont les décisions de la coopérative auxquelles les femmes participent et celles auxquelles les hommes participent ?

5. Les besoins pratiques des femmes sont-ils satisfaits (toilettes sur les sites de production, vêtements et chaussures de taille appropriée pour les femmes, outils de travail adaptés aux femmes, horaires de réunion, etc.)

6. Des activités et des événements de formation sont-ils prévus ? A quelles activités

les femmes et les hommes participent-ils ? Qui contrôle les principales ressources et les principaux intrants de la coopérative ?

Annexe 3

GROUPE DE DISCUSSION (gouvernement, CUM, responsables agricoles).

Objectif : Identifier le niveau de connaissance des acteurs locaux dans le contexte agricole.

1. Quelles sont les principales productions agricoles des communes d'action ?
2. Existe-t-il une stratégie de développement municipal ? Quelle est la place du développement agricole dans cette stratégie ? Quel est le rôle du gouvernement municipal ?
3. Quelles sont les actions proposées par ces municipalités pour assurer le développement de l'agriculture ?
4. Quels sont les principaux acteurs de la production agricole dans ces municipalités ? Quels sont les autres acteurs à intégrer et pourquoi ?
5. Les acteurs sont-ils articulés ou travaillent-ils sur la base de leurs propres objectifs et agendas ?
6. Le modèle de développement agricole proposé par les communes d'action est-il durable ? Pourquoi ?
7. Quel type d'agriculture mettez-vous en œuvre (sur une base agro-écologique ?).
8. Comment évaluez-vous le niveau de durabilité du modèle et des technologies mises en œuvre et pourquoi ?
9. Selon vous, quelles sont les principales lacunes en matière de durabilité (économique, sociale, technologique et environnementale) du système de production prédominant ?

Annexe 4

Groupe de discussion des parties prenantes locales (gouvernement, université, secteur productif, en particulier CCS, UBPC, UEB, CPA)

Objectif : Identifier le niveau de connaissance des acteurs locaux dans le contexte agricole.

1. Existe-t-il un espace de consultation dans la municipalité ?
2. Existe-t-il des stratégies, des programmes et des projets agricoles pour promouvoir le développement local ? Identifier les lignes stratégiques.
3. Identifier la correspondance entre les priorités locales en matière d'innovation

agricole et les résultats de l'innovation.

4. Réaliser une brève analyse des principaux dispositifs productifs locaux (mini-industrie, banque de semences, biogaz, biodigesteurs, artisanat local, entre autres) présents dans la municipalité.

5. Identifier les actions promues dans la municipalité en faveur du développement agricole.

6. Identifier les lacunes qui limitent le développement agricole.

7. Exemplifiez le fonctionnement du système qui promeut le développement agricole^ Comment se déroulent la participation, le protagonisme collectif et le dialogue des connaissances ?

8. Quels sont les espaces d'échange qui s'articulent avec le réseau de la connaissance et de l'innovation pour le développement de la commune d'action ? Comment est-il structuré ? Comment fonctionne-t-il ? Mentionnez les principaux résultats dans le domaine agricole.

9. Quelles sont les principales sources de financement qui existent dans la municipalité pour promouvoir le développement local ?

10. Quel potentiel de gestion des connaissances est identifié dans les municipalités d'action : centres d'enseignement et de recherche, autres acteurs de l'innovation dans la municipalité (même s'ils ne font pas partie de réseaux de connaissances et d'innovation).

11. Quelles connaissances pertinentes ont été produites dans ces municipalités ? Quelles sont les connaissances traditionnelles existant dans la municipalité ? ^Comment sont-elles distribuées et utilisées ?

12. Existe-t-il des formes de formation pour les acteurs du développement agricole local comme celle-ci dans les communes d'intervention ?

13. Considérez-vous qu'il est pertinent et nécessaire de mettre en place des formations pour les acteurs locaux du développement agricole dans votre province ? A qui cela s'adresse-t-il ? Comment cela contribuerait-il au développement agricole local ?

14. Qui appelleriez-vous pour motiver l'idée et quelles sont les étapes à franchir pour y parvenir ?

Printed by Books on Demand GmbH, Norderstedt / Germany